**Falk Ußler**

**Aus der Reihe: e-fellows.net stipendiaten-wissen**

e-fellows.net (Hrsg.)

Band 533

# X-as-a-Service

## Chancen und Grenzen von Cloud-Services

GRIN Verlag

**Bibliografische Information der Deutschen Nationalbibliothek:**

Die Deutsche Bibliothek verzeichnet diese Publikation in der Deutschen National-
bibliografie; detaillierte bibliografische Daten sind im Internet über http://dnb.d-
nb.de/ abrufbar.

**Impressum:**

Copyright © 2011 GRIN Verlag GmbH
Druck und Bindung: Books on Demand GmbH, Norderstedt Germany
ISBN: 978-3-656-29057-5

**Dieses Buch bei GRIN:**

http://www.grin.com/de/e-book/202922/x-as-a-service

**GRIN - Your knowledge has value**

Der GRIN Verlag publiziert seit 1998 wissenschaftliche Arbeiten von Studenten, Hochschullehrern und anderen Akademikern als eBook und gedrucktes Buch. Die Verlagswebsite www.grin.com ist die ideale Plattform zur Veröffentlichung von Hausarbeiten, Abschlussarbeiten, wissenschaftlichen Aufsätzen, Dissertationen und Fachbüchern.

**Besuchen Sie uns im Internet:**

http://www.grin.com/

http://www.facebook.com/grincom

http://www.twitter.com/grin_com

TECHNISCHE UNIVERSITÄT
**ILMENAU**

Proseminararbeit

# X-as-a-Service –
# Chancen und Grenzen
# von Cloud-Services

Herr Falk Ußler

**Fakultät für Wirtschaftswissenschaften**

**Fachgebiet Wirtschaftsinformatik für Dienstleistungen**

**Technische Universität Ilmenau**

Bearbeitungszeitraum: 12. Oktober 2011 bis 11. November 2011

Abgabe: 11. November 2011

# INHALTSVERZEICHNIS

# ABBILDUNGSVERZEICHNIS

# TABELLENVERZEICHNIS

# ABKÜRZUNGSVERZEICHNIS

| | |
|---|---|
| API | Application Programming Interface |
| BITKOM | Bundesverband Informationswirtschaft, Telekommunikation und neue Medien |
| BMWi | Bundesministerium für Wirtschaft und Technologie |
| CEB | Corporate Executive Board Company |
| CIO | Chief Information Officer |
| CPU | Central Processing Unit |
| ENISA | European Network and Information Security Agency (Europäische Agentur für Netz- und Informationssicherheit) |
| HPCaaS | High-Performance-Computing-as-a-Service |
| HuaaS | Humans-as-a-Service |
| HW | Hardware |
| IaaS | Infrastructure-as-a-Service |
| LaaS | Landscape-as-a-Service |
| NIST | National Institute of Standards and Technology |
| PaaS | Platform-as-a-Service |
| SaaS | Software-as-a-Service |
| SLA | Service Level Agreements |
| SOA | Service Oriented Architectures |
| SPI | Software-Platform-Infrastructure model |
| URI | Uniform Resource Identifier |
| VLAN | Virtual Local Area Network |
| VM | virtuelle Maschine |
| W3C | World Wide Web Consortium |

# 1  EINLEITUNG

## 1.1 Motivation und Zielstellung

Ob in Unternehmen oder bei privaten Nutzern, in gemeinnützigen Organisationen, akademischen Einrichtungen oder sogar in Regierungen: Das Anbieten und Nutzen von Cloud-Services oder Cloud-Computing spielt seit geraumer Zeit eine zunehmend bedeutsam Rolle (Stiel 2011; Koenen 2011).

Dabei ist der Markt für Cloud-Computing noch recht unübersichtlich und es herrscht vielfach Unklarheit, was man sich unter dem Begriff Cloud-Computing vorstellen soll. Ist damit eine neuartige Technologie gemeint? Welche Veränderungen gehen damit in der IT einher? Wie können wir Cloud-Services nutzen und welche Chancen, aber auch Risiken sind damit verbunden?

Diese Unklarheit beginnt schon damit, dass sich die Literatur uneinig ist über eine genaue Definition des Begriffs Cloud-Computing. Die Interessen der sehr verschiedenen Anspruchsgruppen haben dafür gesorgt, dass zu diesem Thema ein breites Spektrum an Erklärungen und Beschreibungen existieren und dass es sich nur schwer von anderen Themenkomplexen abzugrenzen scheint.

Zudem wird das Cloud-Computing gegenwärtig recht unterschiedlich beurteilt. Einige Organisationen haben das dynamische Nutzen und Anbieten von IT-Services über das Internet bisher völlig außer Acht gelassen, einige andere haben sich schon sehr stark auf dieses Gebiet spezialisiert und erscheinen ab und zu mit Erfolgsmeldungen auf den Titelseiten anerkannter Tageszeitungen und Magazine.

Zielstellung dieser Proseminararbeit ist es, eine Grundlage für ein besseres Verständnis des Marktes für Cloud-Computing und dessen Angebotsformen zu ermöglichen, einen Einblick in Chancen und Risiken zu gewähren und einen kleinen Ausblick für weitergehende Forschungsarbeiten und zukünftige Entwicklungen auf diesem Gebiet zu geben.

## 1.2 Methodik und Aufbau der Arbeit

Alle Ausführungen in dieser Arbeit beruhen auf Informationen aus einer Literaturanalyse. Diese Methode wurde gewählt, da der zeitliche Rahmen zur Erstellung der Proseminararbeit die Verwendung einer anderen Methodik erschwerte und da es keine Schwierigkeiten bereitete, geeignete Literatur zu finden. Die Werke anderer Autoren decken dabei die für diese Arbeit relevanten Felder des Cloud-Computing in einem ausreichenden Maß ab und sind, bis auf einige Ausnahmen, aufgrund der zeitlichen Nähe ihrer Herausgabe sehr aktuell. Das bedeutet, die verwendete Literatur erschien innerhalb der letzten drei Jahre.

Ausgehend von der Analyse wurden die Informationen durch den Vergleich mit verwandter Lektüre auf Realitätsnähe überprüft und kritisch hinterfragt. Größtenteils sind die Betrachtungen der verschiedenen Literatur so zu einer kausalen Kette verbunden worden, dass die Ausarbeitungen aufeinander logisch aufbauen. An Stellen, die dazu auffordern und wo es das Kapitel erlaubt, wurden diese Ausführungen um eigene Gedanken ergänzt.

Eine der Problemstellungen, die dieser Proseminararbeit zugrunde liegt, ist es, eine Vorstellung vom Cloud-Computing zu vermitteln. Kapitel zwei wird einen kurzen Einblick in die Entstehung des Begriffs geben und versuchen, anhand verschiedener Definitionen seine wesentlichen Eigenschaften zu verdeutlichen, um eine Grundlage zum Verständnis der darauf folgenden Ausführungen zu schaffen.

Der Schwerpunkt der Arbeit liegt in Kapitel drei auf der Darstellung der verschiedenen Angebote an Cloud-Services und der bisher daraus hervorgegangenen Geschäftsmodelle, jeweils mit Beispielen aus der Praxis. Zudem werden dort die Geschäftsmodelle hinsichtlich ihrer Vor- und Nachteile verglichen. Darauf aufbauend gibt das Kapitel ebenfalls einen Überblick über Bewegungen am Markt für Cloud-Computing und den damit verbundenen Veränderungen in der Wertschöpfung. Zum Abschluss des Kapitels wird auf wichtige Managementmaßnahmen, wie zum Beispiel Service Level Agreements oder Sicherheitsmanagement eingegangen, die eine Organisation bei der Verwendung von Cloud-Services beachten sollte.

Auf der Grundlage der bis dahin gemachten Ausführungen schildert Kapitel vier Vor- und Nachteile der Nutzung bzw. des Angebots von Cloud-Services und wird diese dabei mit der traditionellen IT vergleichen. Es soll damit eine Grundlage geschaffen werden, um aus der eigenen Situation heraus abwägen zu können, ob sich der Weg in die Cloud lohnt, welche Form dafür die geeignetste ist und wie sich aus Risiken des Cloud-Computing eventuell auch Chancen ergeben.

Ein Überblick über aktuell kontrovers diskutierte Sachverhalte, Forschungsschwerpunkte, mögliche Innovationen und zukünftige Entwicklungstendenzen sowohl auf der technischen Seite des Cloud-Computing als auch aus wirtschaftlicher Sicht wird in Kapitel fünf gegeben. Die Arbeit schließt im Fazit mit einer kurzen Zusammenfassung der wesentlichen Erkenntnisse und einer Schlussfolgerung daraus.

# 2 WAS IST CLOUD-COMPUTING?

Das Wort „Cloud" (dt. Wolke) gilt als Metapher für einen nicht näher spezifizierten Teils des Internets. Cloud-Computing bedeutet also sinngemäß, Berechnungen in einem nicht näher spezifizierten Teil des Internets durchführen zu lassen oder Rechenleistung daher zu beziehen, wobei sich Cloud-Computing nicht nur auf das Nachfragen von Rechenleistung beschränkt, wie in nachfolgenden Kapiteln noch deutlich wird. Die Dienste oder Dienstleistungen, die dem Kunden zur Nutzung in der Cloud angeboten werden, bezeichnet mal als Cloud-Services oder Cloud-Dienste. Im Folgenden sollen jeweils Cloud und Cloud-Computing sowie Cloud-Services und Cloud-Dienste synonym betrachtet werden.

Obwohl Cloud-Computing heute allgegenwärtig ist, existiert sogar in der Literatur keine einheitliche Definition des Begriffs. Baun et al. (2011, S. 4) zufolge stellt Cloud-Computing zum Beispiel „unter Ausnutzung virtualisierter Rechen- und Speicher-ressourcen und moderner Web-Technologien [...] skalierbare, Netzwerk-zentrierte, abstrahierte IT-Infrastrukturen, Plattformen und Anwendungen als on-demand Dienste zur Verfügung."

Eine Grundlage des Cloud-Computing bildet die Virtualisierung, die eine abstrakte und logische Sicht auf physische Ressourcen ermöglicht. Die Ressourcen, z.B. Server, Netzwerke, Massenspeicher oder Software, können gemeinsam verwaltet werden, indem man sie in Pools zusammenfasst. Je nach Anforderung des Nutzers an die Cloud kann der Pool aus Ressourcen jederzeit bei Bedarf um jede beliebige Menge erweitert werden - die Cloud ist also on-demand skalierbar.

Eine weitere Basis von Angeboten aus der Cloud bilden moderne Web-Technologien, womit häufig Service Oriented Architectures (SOA) und Webservices gemeint sind. Wird ein Cloud-Service im Internet aufgerufen, verwendet der Nutzer also eine Softwareapplikation, die durch einen Uniform Resource Identifier (URI) eindeutig identifizierbar ist (W3C 2002). Die Nutzung dieses Dienstes ist idealerweise als Prozess koordiniert. Voraussetzung dafür ist die uneingeschränkte Verfügbarkeit eines Netz-werkes, sei es bei einigen Konzepten des Cloud-Computing ein privates Netzwerk (Intranet) oder das Internet.

Die Definition von Baun et al. beschreibt Cloud-Computing überwiegend aus technologischer Sicht.

In einer Special Publication des National Institute of Standards and Technology (NIST) wird folgende Definition von Cloud-Computing gegeben, die mehr auf die Vorteile für den Nutzer eingeht (Mell und Grance 2011, S.2):

„Cloud computing is a model for enabling ubiquitous, convenient, on-demand network access to a shared pool of configurable computing resources (e.g., networks, servers, storage, applications, and services) that can be rapidly provisioned and released with minimal management effort or service provider interaction."

Die Autoren dieser Special Publication sehen dabei die folgenden fünf charakteristischen Merkmale von Cloud-Computing:

- *Diensterbringung bei Bedarf*: Der Nutzer kann selbstständig Funktionen bereitstellen, wenn das für ihn erforderlich ist.
- *Uneingeschränkter Netzwerkzugriff*: Auf Dienste wird über das Netzwerk und durch die Verwendung standardisierter Mechanismen zugegriffen, was Cloud-Computing unabhängig vom verwendeten, internetfähigen Endgerät macht.
- *Ressourcen-Pooling*: In einem Pool werden sowohl physische als auch virtuelle Ressourcen zusammengefasst, die dynamisch mehreren Kunden je nach Bedarf zugewiesen bzw. wieder zurückgenommen werden können.
- *Schnelligkeit und Elastizität:* Funktionen können elastisch bereitgestellt und freigegeben werden, in einigen Fällen auch automatisch. Dabei muss Cloud-Computing intelligent und programmierbar in der Allokation von Ressourcen sein.
- *Messbare Dienstleistung:* Cloud-Systeme können die Ressourcennutzung überwachen, kontrollieren und protokollieren, wodurch Transparenz für Service-Anbieter und Service-Nutzer sowie eine nutzungsabhängige Abrechnung gewährleistet werden.

Nach beiden Definitionen bleibt offen, ob die Dienste auf Basis eines verteilten Systems, das heißt, nicht alle benötigten Ressourcen befinden sich am selben Ort, oder basierend auf einem einzelnen leistungsstarken Server erbracht werden. In der Praxis ist jedoch meist ein verteiltes System mit zentraler Verwaltung zu beobachten (Baun et al. 2011, S. 5).

Cloud-Services sind aufgrund ihrer raschen Skalierbarkeit und Elastizität nicht auf spezielle Anwendungen beschränkt, sondern das Spektrum reicht von der temporären Verwendung über die Anwendung bei schwer vorhersagbaren Lastspitzen oder saisonaler Nachfrage bis zum Outsourcing von Funktionalität. Ihre Dienste-

Orientierung, die Nutzung von Webservices und des Internets als Transaktionsplattform qualifizieren Cloud-Services zudem für die Anwendung in verschiedensten Gesellschaftsbereichen, was die wirtschaftliche Bedeutung dieser Thematik hervorhebt.

Cloud-Computing beschreibt keine neuartige Technologie. Unter der Nutzung schon bekannter Techniken drückt dieses Konzept eher einen Weg aus, Rechenressourcen auf eine andere Art und Weise bereitzustellen.

# 3 TECHNISCHE ARTEN, GESCHÄFTSMODELLE UND MANAGEMENT VON CLOUD-SERVICES

## 3.1 X-as-a-Service – wofür steht das X?

Wie schon in Kapitel zwei erfahren, wird dem Cloud-Nutzer die Verwendung verschiedener Ressourcen als Dienst dynamisch zur Verfügung gestellt. Der Ausdruck *everything-as-a-Service (X-as-a-Service)* beschreibt die Philosophie des Cloud-Computing in einem Wort, dass jegliche IT-Bestandteile dem Nutzer als Dienst angeboten werden. Verschiedene Modelle fassen diese hohe Anzahl an Services noch einmal in einer Klassifikation zusammen.

### *Das SPI-Framework*

Die gebräuchlichste Klassifikation von Cloud-Services ist das Software-Platform-Infrastructure model (SPI), welches die Zahl der angebotenen Dienste auf drei reduziert:

- Software as a Service (SaaS)
- Platform as a Service (PaaS)
- Infrastructure as a Service (IaaS).

Das Modell stellt diese Dienste als Schichten dar, die nach ihrem Abstraktionsgrad geordnet sind. Dabei können sie allein erbracht werden oder Services der tieferen Schichten bei der Erbringung ihres Dienstes benutzen (Abb. 1).

**SaaS** kennzeichnet Anwendungsdienste oder komplette Anwendungen, die dem Nutzer geliefert werden und beschreibt den bisher am häufigsten verwendeten Dienst der Cloud-Services (Miller 2009, S. 40). Für den Benutzer entfällt die lokale Software-Installation, denn er erreicht den Dienst von jedem internetfähigen Endgerät über ein Application Programming Interface (API). Das wohl bekannteste Beispiel hierfür ist *Google Docs*, das wie Microsofts *Windows Live* Online-Office-Anwendungen anbietet (Baun et al. 2011, S. 38). Im Falle eines kostenpflichtigen Dienstes bezahlen Kunden nicht mehr wie bisher für den Besitz, sondern für die Nutzung der Anwendung, häufig im Rahmen einer on-demand-Lizenz („pay-per-use"), wie beim *eCloudManager* der fluid Operations AG (Fluid Operations 2011).

Mit **PaaS** wird die Bereitstellung von Laufzeit- und Entwicklungsumgebungen zum ausführen bzw. entwickeln von Software in verschiedenen Programmiersprachen bezeichnet. Der Anwender nutzt hierbei die vom Anbieter zur Verfügung gestellten

Programmiersprachen, Werkzeuge, Bibliotheken und Code-Blocks. Er hat allerdings laut Mell und Grance (2011, S.3) ausschließlich Einfluss auf die Software und möglicherweise auf Konfigurationseinstellungen der Host-Umgebung. Die Verwaltung der zugrunde liegenden Infrastruktur mit Netzwerk, Server, Betriebssystem und Datenspeicher unterliegt lediglich dem Service-Provider. Anbieter von PaaS sind beispielsweise Facebook mit der *Facebook Platform*, Googles *App Engine* oder *Windows Azure* von Microsoft (Baun et al. 2011, S. 36).

Unter **IaaS** wird die Bereitstellung von Verarbeitungs-, Speicher-, Netzwerk- und anderer Rechenleistung verstanden, auf deren Grundlage der Nutzer Anwendungen oder Betriebssysteme ausführen kann. Dem Anwender wird über eine Benutzerschnittstelle z.B. die Verwaltung von Betriebssystem-Abbildern, die Skalierung von genutzten Kapazitäten oder die Einstellung von Netzwerkkomponenten ermöglicht. Beispielhaft für IaaS sei hier Bluelocks *Virtual Cloud Computing* genannt, das virtuelle Server anbietet, Amazons *SimpleDB* stellt Datenbanken als Service zur Verfügung und Dropbox bietet mit *Dropbox Cloud-Storage* Massenspeicher als Dienst an (Baun et al. 2011, S. 33).

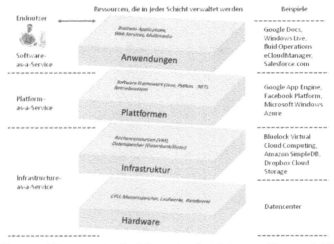

**Abb. 1** Dienste und Ressourcen im Cloud-Computing (in Anlehnung an Zhang et al. 2010, S. 9)

*Weitere Modelle von Cloud-Services*

Neben den Kategorien aus dem SPI-Modell haben sich auch einige auf IaaS, PaaS und SaaS aufbauende Spezialdienste herausgebildet, von denen Baun et al. (2011, S. 39-41) drei weitere Konzepte beschreiben.

8

An Kunden, die ihr komplettes Rechenzentrum, Hardware, Software, Wartung und Bereitstellung inbegriffen, in die Cloud verlagern möchten, richtet sich das Angebot einer Landscape-as-a-Service (**LaaS**). Hochleistungsrechenleistung wird dem Kunden beim High-Performance-Computing-as-a-Service (**HPCaaS**) angeboten. Humans-as-a-Service (**HuaaS**) veranschaulicht, dass das Cloud-Konzept nicht nur auf IT beschränkt ist, sondern auch auf Dienstleistungen der Ressource Mensch ausgeweitet werden kann. In einer Unterkategorie, dem *Crowdsourcing*, übertragen Auftraggeber Aufgaben von variabler Komplexität und unterschiedlichem Volumen an eine Gruppe menschlicher Ressourcen im Internet gegen Entlohnung. Besonders bei Diensten, die nicht zufriedenstellend oder gar nicht von Rechnersystemen erbracht werden können, ist die Nutzung menschlicher Fähigkeiten, wie z.b. Kreativität bei Design- oder Übersetzungsdiensten, interessant.

David Linthicum, Chefredakteur von SYS-CONs *Virtualization Journal*, sieht im Gegensatz zum SPI-Framework *zehn* Konzepte bei Cloud-Services: Storage-as-a-Service, Database-as-a-Service, Information-as-a-Service, Process-as-a-Service, Application-as-a-Service, Platform-as-a-Service, Integration-as-a-Service, Security-as-a-Service, Management/Governance-as-a-Service und Testing-as-a-Service (Linthicum 2009). Nach Krutz und Vines (2010, S.34) stellt das SPI-Modell jedoch die von den meisten Cloud-Anbietern anerkannte Klassifikation von Cloud-Services dar.


## 3.2 Wer bietet den Service an - Geschäftsmodelle mit Cloud-Services

Neben den vielen Konzepten von Cloud-Services existieren auch mehrere Geschäftsmodelle mit Diensten aus der Cloud. In diesem Kapitel liegt dem Begriff Geschäftsmodell die Interpretation von Stähler (2001, S. 38-52) mit drei Hauptkomponenten zugrunde:

- *Nutzenversprechen:* gibt eine Beschreibung, welchen Nutzen das Unternehmen den Kunden stiftet.
- *Architektur der Wertschöpfung:* beschreibt die Bereitstellungsform, also wie der Nutzen für die Kunden generiert wird.
- *Ertragsmodell:* beinhaltet eine Beschreibung, welche Einnahmen aus welchen Quellen erzeugt werden.

Das Angebot an Diensten ist nicht vom Geschäftsmodell abhängig, das bedeutet, IaaS kann bspw. in jeder Bereitstellungsform angeboten werden. Allerdings werden einige Services bevorzugt auf bestimmten Wegen erbracht, je nachdem welches Modell dafür die beste Lösung bietet. Im Folgenden sind die laut NIST üblichsten Geschäftsmodelle von Cloud-Services aufgeführt (Mell und Grance 2011, S.3).

Eine **Private Cloud** existiert nur in einer einzelnen Organisation, das bedeutet, Anbieter und Nutzer der Cloud befinden sich im selben Unternehmen. Bei einer **Community Cloud** handelt es sich um eine Infrastruktur, die sich mehrere Organisationen mit ähnlichen Interessen teilen. Hierfür werden die Private Clouds der Mitglieder verbunden oder vereinigt. **Public Clouds** kennzeichnen Infrastrukturen, die der Allgemeinheit zugänglich sind. Betrieben werden diese Clouds allein von einer Organisation, die Cloud-Services für andere anbietet. Eine Zusammensetzung mehrerer Clouds (Private, Community oder Public Cloud), die als solche bestehen bleiben, aber mit einander verbunden sind, sodass Daten- und Anwendungsübertragung gewährleistet sind, werden als **Hybrid Clouds** bezeichnet.

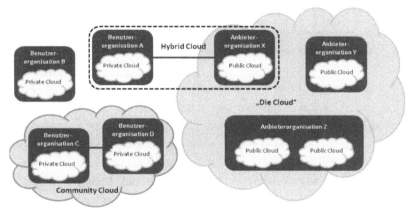

**Abb. 2** Cloud-Modelle im Überblick (in Anlehnung an Baun et al. 2011, S. 28).

Private-Cloud-Services erlauben prinzipiell die Vorteile von Public Clouds, wobei die Eigentümer jedoch hier eine bessere Kontrolle über ihre Daten haben, da diese Form nur von einer einzigen Organisation genutzt und nicht mit anderen geteilt wird. Auch bezüglich der Sicherheit heben sich Private Clouds nicht per se signifikant von Public Clouds ab, wenn die Sicherheitsbestimmungen eingehalten werden. Jedoch wird ein Unternehmen, das Bedenken hinsichtlich der Sicherheit oder des Handelns im Einklang mit geltendem Recht (Compliance) hat, die uneingeschränkte Kontrolle über die

10

Infrastruktur und die Art und Weise des Softwareeinsatzes nicht missen wollen, die eine Private Cloud bietet. Diese Situation wird für die Organisationen ähnlich sein, in denen es gegen das Geschäftsinteresse spricht, eigene, möglicherweise sensible Daten von einer anderen Partei verwalten zu lassen. Deshalb werden PaaS und IaaS üblicherweise über Private Clouds angefordert (Krutz und Vines 2009, S. 48). Aus denselben Gründen werden z.B. Regierungen oder Banken – Organisationen in sensiblen Branchen – und große Gesellschaften, die sich den Aufbau einer eigenen Cloud finanziell leisten können, eine Private Cloud den anderen Bereitstellungsmodellen vorziehen – zumindest solange, bis sich die Cloud-Provider auf De-facto-Standards einigen, wodurch der Übergang zu Hybrid Clouds begünstigt würde (Chorafas 2011, S. 30).

Durch Hybrid Clouds ist es einer Organisation zum Beispiel möglich, kritische Daten in die Private Cloud zu verlagern und nicht-kritische Anwendungen, die nur temporär genutzt werden, in der Public Cloud laufen zu lassen. Einige Konzepte nutzen dabei die Dynamik und Skalierbarkeit mit *Cloudburst* aus, indem Anwendungen primär in der Privaten Cloud arbeiten und im Falle einer erhöhten Lastsituation teilweise in der Public Cloud ausgeführt werden können (Krutz und Vines 2010, S. 49).

Für Organisationen mit gleichen Anforderungen an die Cloud sind Community Clouds geeignet. Unter diesen Anforderungen ist beispielweise vorstellbar, dass die beteiligten Organisationen ähnliche Richtlinien hinsichtlich der Compliance verfolgen, keine konkurrierenden Geschäftsziele haben oder keine Hochsicherheitsdaten in die Cloud verlagern wollen. Sind aber die Verantwortung über die gemeinsam genutzten Ressourcen und deren Eigentum bzw. Beanspruchung nicht eindeutig spezifiziert, erscheint das Management einer Community Cloud problematisch.

Public Clouds sind besonders für kleinere, finanziell schwache Organisationen mit hohem IT-Bedarf interessant, da dieses Konzept flexible Lösungen und teils sofortige Kostenersparnisse bietet, etwa durch gemeinsam genutzte Infrastrukturen und Remote-Hosting oder dynamische Lizenzierung. SaaS wird typischerweise über öffentliche Clouds bezogen (Krutz und Vines 2010, S. 45). Dabei wird dieses Modell aber auch als risikoreicher erachtet, da es im Vergleich mit den anderen Bereitstellungsformen die meisten Zuständigkeiten zum Anbieter verlagert (siehe dazu Kapitel vier).

Zielgruppe von Cloud-Services können Entwickler, kleine und mittelständische Unternehmen, große Unternehmen, private Nutzer, Regierungen und Regierungs-organisationen, gemeinnützige Organisationen und akademische Einrichtungen sein.

Die Abrechnung der Dienstnutzung kann nach nutzungsabhängigen Abrechnungs-modellen oder nach Anschaffungs- und Leasingmodellen erfolgen. Erstere basieren auf der zeitverteilten tatsächlichen Nutzung von Ressourcen und bei letzteren werden Ressourcen auf Dauer gekauft bzw. für einen bestimmten Zeitraum gemietet, unabhän-gig von der eigentlichen Nutzung (Baun et al. 2011, S. 117/118). Darüber hinaus bieten Cloud-Service-Provider *enabling services* an, bei denen ihre Cloud-Services durch individuelle Lösungen an die Bedürfnisse des Kunden angepasst werden (Chorafas 2011, S. 45).

Laut Bundesverband Informationswirtschaft, Telekommunikation und neue Medien (BITKOM 2009, S. 33/34) erfährt die klassische Wertschöpfungskette von IT-Dienstleistungen umfangreiche Veränderungen dadurch, dass zum einen in manchen Wertschöpfungsstufen die Transaktionskosten infolge der neuen Preis- und Servicemo-delle des Cloud-Computing sinken und sich zum anderen viele kleine Unternehmen bilden, die dank der reduzierten Einstiegskosten für die Verwendung einer professionellen IT-Infrastruktur recht einfach innovative IT-Dienstleistungen als Web-Services anbieten können. Die Folge sei ein Aufbrechen der Wertschöpfungskette und die Erfordernis neuer Wertschöpfungsstufen (Abb. 3).

Ein weiteres Ziel traditioneller IT-Dienstleister ist deshalb die Kundenbindung. Nur mit innovativen Lösungen können Unternehmen weiter wachsen und ein Abwandern ihrer Kunden verhindern. Cloud-Computing bietet, wenn es zielgerichtet koordiniert wird, die Möglichkeit, neue Märkte zu öffnen und dadurch Kunden zu halten bzw. Neu-kunden zu gewinnen. Beispielsweise funktioniert Apples Cloud-Angebot *iCloud* nur mit Apple-Endgeräten, wodurch das Unternehmen seine Kunden langfristig binden will. Mit allen ihren Daten, die Apple-Nutzer einmal in der *iCloud* haben, ist es nur sehr um-ständlich möglich, zu alternativen Angeboten umzuziehen (Stölzel 2011).

**Abb. 3** Cloud-Computing-Ökosystem von IT-Service-Anbietern (BITKOM 2009, S. 34)

Einige andere Unternehmen haben wie Apple beschlossen, ihre Erfahrungen in Geschäftsfeldern, in denen sie bisher tätig waren, mit Cloud-Computing zu verbinden, um neue Geschäftsfelder zu erschließen. Neben den Service-Anbietern haben sich beispielsweise auch IT-Consulting-Unternehmen auf den Trend zum Cloud-Computing eingestellt und unterstützen Organisationen unter dem Schlagwort *Cloud-Consulting* bei der Einrichtung und dem Management einer Cloud (Hoover 2008). Hersteller von Sicherheitssoftware, wie McAfee oder Symantec, bieten On-demand-Lösungen an, um Security-as-a-Service mit den Diensten des Cloud-Providers zu kombinieren (Chorafas 2011, S.218). Mehrere Cloud-Anbieter, darunter Google, haben sich zusätzlich dazu entschlossen, ihr Angebot durch Online-Werbung zu unterstützen (Chorafas 2011, S. 26).

## 3.3 Cloud-Management

Nicht nur bei der Entscheidung, den Weg in die Cloud-anzutreten, sondern auch bei der Bereitstellung und Nutzung von Services sind einige Management-Verfahren bedeutsam.

### Service Level Agreements

Umfang und Eigenschaften eines Cloud-Services werden vom Anbieter definiert und in einem Dienst-Katalog beschrieben. Der Dienstnehmer wählt aus diesem Katalog die gewünschte Leistung aus und instanziiert sie nach Bedarf (Baun et al. 2011, S. 75). Hierbei sind Dienstgütevereinbarungen (Service Level Agreements; SLA) zwischen dem Bereitsteller und dem Dienstnehmer erforderlich, die üblicherweise in einem Vertrag formell und rechtlich bindend festgehalten werden. Aus Sicht des Benutzers sollten diese Vereinbarungen nach Baun et al. (2011, S. 73/74) Regelungen zu qualitativen Aspekten, wie Sicherheit, Priorität und Verantwortlichkeit, Vereinbarungen zu messbaren Größen, wie Verfügbarkeit, Durchsatz und Reaktionszeiten sowie ein gemeinsames Verständnis über die Abrechnungsmodalitäten beinhalten.

Das Nachdenken über SLA fördert zudem das Überdenken der Verwendung von Cloud-Diensten hinsichtlich klarer Ziele, der Risikobewertung sowie ihrer Vor- und Nachteile. Chorafas (2011, S. 126) ist der Ansicht, dass dabei auch die Kündigungsmodalitäten, zukünftige eventuelle Konfliktlösungen bei der Erbringung von Cloud-Diensten, Strafen beim Verstoß gegen Vereinbarungen und das Recht des Kunden, die Einrichtung und das Personal des Dienstleisters zu prüfen, beachtet werden sollten.

Sinnvoll sind Vereinbarungen über die Dienstgüte auch, um das sogenannte User-Lock-In zu vermeiden. Dabei ist die Bindung des Kunden an die Technik des Cloud-Anbieters durch proprietäre Verfahren und Schnittstellen verbunden. Es resultieren Abhängigkeiten vom Service-Provider, unter Umständen mit Datendiebstahl oder mit der verhinderten Möglichkeit, Daten und Programme einfach auf andere Prozesse oder Cloud-Angebote alternativer Provider zu übertragen.

### *Sicherheits- und Risikomanagement*

Die Sicherheit beinhaltet sowohl den gesicherten Zugriff auf Ressourcen als auch Datenschutzaspekte. Sicherheitsziele für die Nutzung von Cloud-Computing werden in SLA mit dem Anbieter vereinbart und unterscheiden sich prinzipiell nicht von den Zielen beim Betrieb eines eigenen Rechenzentrums, wie z.B. Vertraulichkeit, Integrität, Verfügbarkeit und Authentizität (Baun et al. 2011, S. 85).

Aufgrund der Tatsache, dass die verschiedenen Cloud-Service-Modelle Kompetenzen unterschiedlichen Umfangs an den Bereitsteller verlagern, heben sie sich auch hinsichtlich der Sicherheit voneinander ab. SaaS bietet größtmögliche Sicherheit, wohingegen IaaS kleinstmögliche Sicherheit für den Kunden garantiert. PaaS ist diesbezüglich zwischen IaaS und SaaS einzuordnen. Dabei ist zu beachten, dass zumindest in Deutschland die Sicherheit vom Dienstnehmer verantwortet werden muss, denn laut Bundesdatenschutzgesetz bleibt der Cloud-Nutzer für seine Daten selbst verantwortlich und muss prüfen, ob die Vorkehrungen des Anbieters dem Schutz der Daten ausreichen (Baun et al. 2011, S. 88).

Es ist empfehlenswert, sich in SLA auch gegen das Risiko abzusichern, dass benötigte Dienste bei Störungen oder bei Insolvenz des Betreibers nicht mehr erreichbar sind. Eventuell könnte für einige Cloud-Nutzer bei besonders sensiblen Daten und Anwendungen infrage kommen, eine Kopie als Backup bei einem zweiten Anbieter zu lagern.

Hinzu kommt das zuvor schon angeschnittene Risiko des User-Lock-In, das bei IaaS als am geringsten eingeschätzt wird, wohingegen es bei SaaS und PaaS am größten erscheint. Hier wird durch die Abhängigkeit von den Verfahren des Cloud-Providers ein Wechsel zu alternativen Angeboten häufig recht aufwendig und teuer (Baun et al. 2011, S. 87). Bei einigen PaaS-Anbietern vereinfachen vorgefertigte Code-Blocks zwar die Entwicklung eigener Anwendungen, allerdings bindet man sich beispielsweise an die verfügbare Infrastruktur und die Entwicklung wird durch die ausschließliche Verwendung der verfügbaren Code-Bausteine stark eingeschränkt (Miller 2009, S. 41).

*Compliance*

Die Einhaltung gesetzlicher, moralischer und ethischer Regelungen und Wertvorstellungen beschreibt die Compliance oder Rechtskonformität. Baun et al. (2011, S. 88) geben an, dass für das Cloud-Computing nach gängiger Rechtsauffassung „[...] dieselben Gesetze anzuwenden [sind] wie für die Miete (im Bezug auf bezahlte Dienste) oder die Leihe, falls es sich um unentgeltliche Leistungen handelt". Als problematisch ist anzusehen, dass diese Gesetze vom Standort der Daten abhängen, wobei identische Daten zeitgleich theoretisch über den gesamten Globus repliziert sein könnten und das ja aus Risiko- und Sicherheitsgründen auch sollten. Die gleichen Daten unterliegen also verschiedenen Regelungen – welche Bestimmungen gelten letztendlich für die Daten des Cloud-Anwenders?

Diese Frage wird das Cloud-Computing auch noch in Zukunft beschäftigen. Bis eine für alle Beteiligten zufriedenstellende Lösung gefunden ist, bietet Amazon seine Cloud-Dienste z.B. in verschiedenen Regionen für die USA, Europa und Asien an, sodass es dem Kunden möglich ist, durch die Wahl einer Zone, einen für ihn geeigneten Rechtsraum für seine Ressourcen festzulegen (Baun et al. 2011, S. 88).

# 4 PRO UND KONTRA CLOUD-COMPUTING

Im Abschnitt 3.2 sind schon die Geschäftsmodelle der Cloud-Services hinsichtlich ihrer Vor- und Nachteile verglichen worden. Deshalb wird sich dieses Kapitel auf Pro und Kontra von Cloud-Computing gegenüber dem Betrieb eines eigenen Rechenzentrums beschränken.

Um Dienste aus der Cloud effizient nutzen zu können, benötigt der Kunde eine Breitband-Internetverbindung. Laut Bundesministerium für Wirtschaft und Technologie (BMWi; BMWi 2010, S. 6-8) verfügen zwar fast alle Haushalte in deutschen Städten über Breitband von mindestens 1MBit/s, doch auf ländlicher Ebene beträgt die Verfügbarkeit nur etwa 87%. Zudem erfordert eine angenehme und optimale Nutzung der Cloud-Services die Verfügbarkeit größerer Datenübertragungsraten. Über eine Breitbandklasse von mindestens 16 MBit/s verfügen laut BMWi ca. 68% und mindestens 50 MBit/s stehen nur noch etwa 40% aller deutschen Haushalte zur Verfügung. Diese Tatsachen stellen einen Nachteil für Regionen mit schlechter Breitbandversorgung dar, sollten sich dort Unternehmen ansiedeln wollen, die Cloud-Services nutzen möchten bzw. auf diese angewiesen sind.

Nicht nur eine limitierte Datenübertragungsrate stellt ein häufiges Hindernis bei der Nutzung von Cloud-Computing dar, die Dienste müssen auch dann verfügbar sein, wenn der Nutzer sie benötigt. Das setzt eine *permanente* Netzwerkverbindung voraus, die z.B. bei Problemen des Internet-Anbieters oder bei einer durch Bauarbeiten versehentlich durchtrennten Leitung unterbrochen werden kann. Hiergegen hilft nur noch die lokale Sicherheitskopie der Daten.

In der herkömmlichen IT müssen Organisationen, sofern sie kostengünstige Standardsoftware verwenden, ihre Prozesse und Systeme an die standardisierten Formate anpassen. Einzig die Nutzung von Individualsoftware verringert den Aufwand der Anpassung, wobei sich für Organisationen allerdings die finanzielle Belastung erhöht. Zwar lassen sich die Cloud-Angebote an die Anforderungen des Benutzers angleichen, sie liefern jedoch nicht unendliche Konfigurierbarkeit und Bereitstellungsflexibilität. Cloud-Anbieter werden dazu übergehen, strukturierte Alternativen zu offerieren, zwischen denen sich Nutzer entscheiden können und an die sie ihre Prozesse wiederum auch anpassen müssen (Krutz und Vines 2010, S. 56). Allerdings bleibt abzuwarten, ob Cloud-Bereitsteller oder IT-Beratungen nicht doch Lösungen - gegen entsprechend größere finanzielle Gegenleistung – zur Verfügung stellen, bei der ein Angleichen der internen Prozesse der Nutzer-Organisation an Cloud-Services in geringerem Maße notwendig ist.

Darüber hinaus erleichtert eine eigene Sicherheitsinfrastruktur die Einhaltung gesetzlicher Sicherheitsanforderungen in höherem Maße als die Angebote aus der Cloud. Die European Network and Information Security Agency (ENISA; ENISA 2009, S.9) erwähnt in ihrem Report, dass Cloud-Nutzer hinsichtlich der Compliance ebenso ein Risiko eingehen, wenn sie Investitionen tätigen oder getätigt haben, um sich bspw. die Einhaltung von Industriestandards oder anderen regulatorischen Anforderungen zertifizieren zu lassen, obwohl der Cloud-Anbieter nicht bestätigen kann, dass seine eigenen Vorgehensweisen mit den relevanten Standards einhergehen oder eine Prüfung durch den Kunden erst gar nicht zulässt. Bei einigen Teilen der Compliance, so die ENISA, ist ihre Einhaltung durch die Nutzung von Public Clouds erst gar nicht möglich.

Dadurch, dass der Austausch von z.T. vertrauenswürdigen Daten bei Public Clouds und manchmal auch bei Hybrid Clouds komplett über das Internet abläuft, sind das Sicherheits-, Identitäts- und Authentifizierungsmanagement, insbesondere Aspekte des Datenschutzes, kritisch zu betrachten. Cloud-Nutzer bieten durch die ausschließliche Verwendung des Internets und durch die zentrale Datenhaltung beim Provider potenziellen Hackern oder Spionen eine breitere Angriffsfläche. Vertraulichkeit und Nachvollziehbarkeit der Daten können verletzt werden, wenn versehentlich sensible Unternehmensdaten veröffentlicht oder die Netzwerk-Zugriffsrechte unangemessen vergeben worden sind. Durch Delikte, wie Lauschangriffe, Betrug, Diebstahl, Sabotage oder Passwort-Missbrauch können Geheimhaltung und Integrität der Daten sowie die Compliance beeinträchtigt werden (Krutz und Vines 2010, S. 125-150). Es gilt zukünftig, bestehende Techniken in dieser Hinsicht zu verbessern, denn wenn Cloud-Services zur Gewinnung oder Auswertung von Daten benutzt werden, die z.B. für den Straßenverkehr relevant sind, dann legen solche Beeinflussungen der Daten, aber auch Softwarefehler nicht mehr nur Systeme lahm, sondern können sogar Menschenleben gefährden.

Armbrust et al. (2009, S. 15-19) glauben, dass es kein großes Hindernis darstellt, Cloud-Computing-Umgebungen genauso sicher zu machen, wie die herkömmlichen Rechenzentren jeder Organisation. Hinsichtlich Vertraulichkeit und Nachvollziehbarkeit der Daten empfehlen sie Datenverschlüsselung, virtuelle Netzwerke (VLAN) und Firewalls sowie die Einhaltung nationaler Gesetze durch geographische Datenhaltung. Um Softwarefehler der großen, verteilten Systeme zu erkennen und zu beseitigen, schlagen Armbrust et al. vor, Debugger für virtuelle Maschinen (VM) zu entwickeln. Viele SaaS-Anbieter haben z.B. ihre Systeme ohne VM entwickelt. Mittlerweile sind VM beim Cloud-Computing etabliert, sodass es damit möglich sein könnte, Fehler zu finden, die vorher nicht erkennbar waren.

Als weiteren Nachteil der datenintensiven Anwendungen über das Internet sieht das Autorenkollektiv die schnell steigenden Übermittlungskosten für diese Daten. Diese Kosten können bis zu 150 Dollar pro Terabyte kosten und sollten deshalb Anlass für jede Organisation sein, sich über die Datenplatzierung und den Datenaustausch Gedanken zu machen. Als Möglichkeit, die Kosten für den Datentransfer gering zu halten, nennen die Autoren den Versand von Datenträgern durch Transport-unternehmen und Paketdienste.

Im vorangegangenen Kapitel wurde das Phänomen des User-Lock-In als Nachteil des Cloud-Computing erwähnt. Für Cloud-Nutzer, die bspw. über PaaS-Angebote Software entwickeln und gleich darüber verkaufen möchten, zeigt sich mit der Verwendung proprietärer Technologien eine weitere Hürde. Die Wiederverwendbarkeit des Codes der entwickelten Anwendungen ist bei PaaS-Angeboten nur sehr eingeschränkt möglich bzw. gänzlich unmöglich. Anbieter solcher Webanwendungen sind somit dauerhaft an den Cloud-Betreiber und auch dessen Preisgestaltung und Qualität gebunden (Baun et al., 2011, S. 63/64). Zu Vermeidung dieses Phänomens schlagen Armbrust et al. vor, die Schnittstellen (API) zu allen angebotenen Services zu standardisieren, wodurch es für Cloud-Nutzer einfacher wird, ihre Daten von einem Anbieter zu anderen zu verlagern. Für einige Organisationen, die aus diesem Grund die Inanspruchnahme der Cloud-Services abgelehnt hatten, würde das den Weg in die Cloud ebenen.

Dieser Weg lohnt sich für die meisten Organisationen schon aufgrund der geringeren Kosten im Vergleich zum Betrieb eines eigenen Rechenzentrums. Durch die dynamische Skalierbarkeit von Cloud-Diensten fallen geringere Hard- und Software-kosten an, da eine Organisation nur die Ressourcen beansprucht, die sie im Moment tatsächlich benötigt. Es wird nicht in Ressourcen investiert, die überdimensioniert sind und die meiste Zeit nicht voll ausgelastet werden. Somit sinken für eine Organisation auch die Opportunitätskosten einer Investition in IT. Zudem entfallen für Organisationen hohe Lizenzkosten – sie bezahlen für SaaS nur, wenn sie es benutzen oder ein Abonnement abgeschlossen haben. Vertraut ein Unternehmen vollständig auf

Cloud-Computing, sinken damit auch die Anforderungen an die Client-Rechner, denn jeder Arbeitsplatz benötigt lediglich einen auf die simpelste Hardwareausstattung reduzierten Rechner mit Betriebssystem und Browser, über den der Mitarbeiter Cloud-Services in Anspruch nehmen kann.

Traditionelles Problem war bisher ebenso die Kompatibilität der Software mit der Hardware, mit anderer Software oder dem Betriebssystem. SaaS bietet den Vorteil, dass es unabhängig von alldem ist, da es Virtualisierung nutzt, über das Internet bereitgestellt wird und auf Client-Seite keiner solcher Abhängigkeiten unterliegt. Zudem bedeutet es universelle Nutzbarkeit und vereinfachte Kollaboration für den Kunden, da er den Service von jedem internetfähigen Gerät nutzen und z.b. Dokumente gemeinsam mit Partnern bearbeiten kann. Für die Kundenorganisation entfällt auch das Risiko, gegen die Compliance zu verstoßen, falls Mitarbeiter nicht lizenzierte Software im Unternehmen installieren (Krutz und Vines 2010, S. 38) oder versehentlich Viren ins System eindringen lassen.

Über die Kostensenkungen hinaus garantiert Cloud-Computing auch Zeitersparnisse, indem sich Wartungsarbeiten für den Nutzer reduzieren und er sich nicht um Software-Updates kümmern muss. Es bietet Anwendern größere Flexibilität, da sie sich nicht mit dem Bereitstellen aktueller Services und Technologien beschäftigen müssen, sondern diese bei Bedarf nur zu mieten brauchen. Das ermöglicht es Organisationen, auf Innovation und ihre strategischen Ziele statt auf Instandhaltung und Aktualisierung unterstützender Ressourcen zu fokussieren.

Diese Aufgaben werden von den Cloud-Service-Providern übernommen. Sie beschäftigen ausgebildetes Wartungspersonal, überwachen die Funktionsfähigkeit ihrer Angebote und bieten dem Benutzer automatisch aktualisierte Dienste. Doch die zentralisierte Datenhaltung stellt andererseits ein attraktives Ziel für Hackerangriffe dar und der entstehende Schaden wäre größer, würden es externe Angreifer schaffen, Cloud-Services zu manipulieren. Allerdings sollten die Sicherheits- und Überwachungsmaßnahmen durch die Cloud-Betreiber effektiver und effizienter sein als im eigenen Rechenzentrum, da die Anbieter hierfür professionelles Personal einstellen und sich für sie die Anschaffung teurer, aber auch effektiver Sicherheitssoftware lohnt. (Krutz und Vines 2010, S. 56).

Dadurch, dass die Daten des Kunden gewöhnlich auf mehreren Geräten des Cloud-Providers, möglicherweise an verschiedenen Orten und bei unterschiedlichen Cloud-Anbietern repliziert sind, können sie unabhängig vom Ausfall eines oder mehrerer

Geräte dem Nutzer zur Verfügung gestellt werden. Es ist dabei allerdings zu beachten, dass die redundante Speicherung von Daten eine größere Anzahl von Ressourcen beansprucht, wodurch sich die Kosten für den Kunden erhöhen.

Neben all den Vorteilen des Cloud-Computing für den Nutzer, die in dieser Arbeit schon erwähnt wurden, bieten sich auch für den Cloud-Betreiber Vorteile. Durch die zentralisierte Datenhaltung wird die Verwaltung der Ressourcen erleichtert und es ergeben sich letztendlich Vorteile bezüglich der Auslastung, denn diese wird dadurch erhöht, dass sich mehrere Kunden dieselbe Infrastruktur oder Software-Anwendung teilen. Die Provider legen dabei nach eigenen Angaben Wert auf *Green Computing*, einer umweltfreundlichen Umgangsweise mit IT. Dabei entsprechen die Aussagen nicht der Wahrheit, meint Chorafas (2011, S. 64), da Rechner und besonders Datenbanken immer größere Mengen Energie verbrauchen, sodass von Umweltfreundlichkeit keine Rede sein kann. Allenfalls senkt Cloud-Computing den Konsum von Energie und die damit verbundenen Kosten für die Nutzer.

# 5 ZUKÜNFTIGE ENTWICKLUNGEN

„Mit Cloud-Computing werden global bereits Umsätze im zweistelligen Milliarden-Dollar-Bereich erzielt. Die Wachstumsraten werden in den nächsten Jahren über 30 % liegen – auch auf dem deutschen Markt, wo die Innovation mit einem zeitlichen Verzug von den Nutzern angenommen wird." (BITKOM 2009, S.10). Das Geschäft mit Cloud-Services ist also vielleicht in naher Zukunft das aussichtsreichste bei Informations- und Kommunikationstechnologien. Verständlicherweise versuchen zurzeit viele große, aber auch zahllose kleinere Mitbewerber der IT-Branche, sich dort einen möglichst hohen Marktanteil zu sichern.

Zum einen liegt es daran, dass die Wahrscheinlichkeit einer Stagnation der Unternehmensentwicklung steigt, wenn Gesellschaften nicht neuartige Leistungen offerieren. Die Strategie fast aller großen Cloud-Provider wird es laut Chorafas (2011, S. 21) sein, möglichst viel vom Marktanteil der Mitbewerber zu bekommen, da der Markt für IT langsamer wächst, als Geldgeber in eine immer größer werdende Zahl von Mitbewerbern investieren. Diese Unternehmen müssen also ständig wachsen und Gewinn abwerfen. Andererseits bietet Cloud-Computing durch die Spezialisierung auch Chancen für bisher unbekannte Dienstleister, mit innovativen Lösungen Marktanteile zu gewinnen. Daher versuchen einige etablierte IT-Unternehmen, wie Microsoft, SAP oder Oracle mit dem Einstieg ins Cloud-Geschäft ihre bisher erreichten Marktanteile zu sichern (Chorafas 2011, S. 23).

Darüber hinaus prognostiziert Chorafas (2011, S. 23) eine Asymmetrie zwischen den großen (z.B. Amazon, Google, Microsoft) und den kleinen etablierten Cloud-Anbietern (bspw. Salesforce.com, VMWare) und denen, die sich noch nicht etablieren konnten, aber bei bestimmten Technologien Marktführer sind. Beispielhaft sei hierfür Oracle genannt, das bei Datenbankmanagementsystemen einen Marktanteil von ca. 50% aufweist und überdies Know-How besitzt, das von anderen schwer übernommen werden kann. Chorafas prophezeit folglich für das Cloud-Computing, was heute teilweise schon sichtbar ist: eine Strategie von Partnerschaften und Allianzen verschiedener IT-Unternehmen. Kooperationen bedeuten zwar das Teilen von Know-How, Geschäftsmöglichkeiten und letztendlich auch Gewinnen, sie sind aber laut Chorafas (2011, S.18) notwendig, um flexibel zu bleiben und mit der Konkurrenz mithalten zu können, denn die IT wird sich ziemlich schnell weiterentwickeln. Partnerschaften bieten sich jedenfalls an, da Hardwarehersteller durch ihr Geschäft auf die Bereitstellung von Infrastruktur-

Ressourcen spezialisiert sind und Softwarehersteller auf das Anbieten von Software-Ressourcen. Mittels einer Allianz ließen sich Risiken bei der Implementierung und Wartung der jeweils anderen Ressourcen für beide Seiten reduzieren und es würde möglich, den Kunden ein breiteres Angebot zu präsentieren.

Auf Kundenseite wird die Nutzung von Cloud-Services einige Änderungen und Umstrukturierungen nach sich ziehen. Baun et al. (2011, S. 3/4) berichten von einer Studie der Corporate Executive Board Company (CEB), worin prognostiziert wird, dass IT-Abteilungen große Teile ihrer Verantwortung an das Business Management abtreten und dadurch personell schrumpfen werden, da es für das Management möglich wird, IT-Lösungen auch ohne Unterstützung durch die IT-Abteilung einzukaufen.

Laut einer Studie der VDI/VDE Innovation + Technik GmbH (Kröger 2011) ruht die IT zukünftig auf zwei Säulen: Auf dem Konzept der verteilten Intelligenz sowie auf Anstrengungen, diese Intelligenz und die dazugehörigen Datensammlungen zentral zu installieren. Cloud-Computing und SaaS, so die Studie, nehmen dabei eine wichtige Rolle ein. Daraus könnten sich neue Geschäftsmodelle, wie z.B. *Cloud-Sensing*, entwickeln, indem Daten durch die immer zahlreicher werdenden, multimodalen, stationären und mobilen Sensoren als Ressourcen für intelligente Dienste erfasst und dann im Internet ausgewertet werden. Zukünftig würden Teilnehmer im Straßenverkehr Situationen nicht mehr selbst analysieren, sondern durch Cloud-Services gesagt bekommen, wie sie bei entsprechenden Messwerten der Sensoren reagieren müssen. (Botthof et al. 2011, S. 13).

Gemäß dem BITKOM-Leitfaden für Cloud-Computing (2009, S. 39) stellt für die Hälfte der IT-Leiter (Chief Information Officer, CIO) in den befragten Unternehmen die Sicherheit einen kritischen Erfolgsfaktor für Cloud-Computing dar (Tab. 1). Es ist deshalb davon auszugehen, dass unzulängliche Sicherheitsvorkehrungen Kunden von der Verwendung der Cloud-Services abhalten. In den vorigen Abschnitten ist allerdings schon geschildert worden, dass die Nutzung von Diensten aus der Cloud keineswegs als sicher beschrieben werden kann. Der Faktor Sicherheit sollte auch deshalb für Cloud-Provider höchste Priorität für Verbesserungen besitzen, weil mit der verstärkten Nutzung des Cloud-Computing auch Methoden und Häufigkeit des Missbrauchs von sensiblen Daten verstärken werden (Krutz und Vines 2010, S. 61). Es muss möglich sein, Cloud-Services anzubieten und gleichzeitig Privatsphäre, Anonymität und Sicherheit der Daten garantieren zu können. Sicherheitsvorkehrungen beeinflussen jedoch auch die Leistungsfähigkeit der Services. Es wird daher erwartet, dass die Entwicklung von sicheren Diensten mit den geringsten Auswirkungen auf die Leistung mehr und mehr an Bedeutung gewinnt. Themen, wie Zuverlässigkeit und Verbindlichkeit der Leistungen werden in Zukunft ebenso weiter debattiert werden. In der vorliegenden Arbeit soll das Thema Cloud-Security mit allen seinen Facetten nur am Rande erscheinen. Es wird allerdings auf die Ausführungen von Krutz und Vines (2010) verwiesen, die sich intensiv mit diesem Problem auseinandersetzen.

| Erfolgsfaktoren | % der CIO |
|---|---|
| Sicherheit | 45 |
| Integration mit vorhandenen Systemen | 26 |
| Verlust der Kontrolle über die Daten | 26 |
| Verfügbarkeit | 25 |
| Performanz | 24 |
| IT-Governance | 19 |
| Regulierung/Compliance | 19 |
| Unzufriedenheit mit Service-Angeboten und Preisen | 12 |

**Tab. 1** Erfolgsfaktoren von Cloud-Computing aus CIO-Sicht (BITKOM 2009, S. 39)

Aufgrund der Tatsache, dass immer mehr Menschen und Organisationen ihre Daten nicht mehr lokal, sondern in der Cloud speichern, stellen auch der staatliche Einfluss und die staatliche Überwachung im Cloud-Computing eine zusätzliche, diskussionswürdige Problematik dar. Inwieweit soll es dem Staat möglich sein, Daten der Kunden einsehen zu können, um z.B. Terror-Anschläge zu verhindern? Wie schon das Thema Cloud-Security ist auch diese heikle Frage hier lediglich ein Ansatz weiterer Untersuchungen, Forschungen und Diskussionen.

# 6 FAZIT

Die vorangegangenen Kapitel haben einen Überblick darüber gegeben, was Cloud-Computing ist, welche Bereitstellungs- und Geschäftsmodelle bisher existieren und welche Aspekte bei deren Bewertung berücksichtigt werden sollten. Darüber hinaus sind einige Punkte des Cloud-Managements erwähnt worden, die bei den Abwägungen des Kunden, Cloud-Angebote zu nutzen, beachtet werden sollten. Nicht zuletzt konnte auch die derzeitige Situation und zukünftige Entwicklungsmöglichkeiten des Anbietermarktes für Cloud-Services aufgezeigt werden.

Infolge seines Wachstums und seiner erwarteten Umsatzstärke ist und bleibt Cloud-Computing ein interessantes Feld für alle Unternehmen aus der IT-Branche. Den Großteil des Marktes werden voraussichtlich zwar nur Wenige für sich beanspruchen können, dennoch erleichtert Cloud-Computing auch kleineren, innovativen Gesellschaften den Markteintritt durch geringere Markteintrittsbarrieren, die Umgestaltung der klassischen Wertschöpfungskette und durch eine Vielzahl verschiedener Geschäftsmodelle.

Da heute jede größere Organisation auf die Nutzung von Informations- und Kommunikationstechnik angewiesen ist, erscheint eine Auseinandersetzung mit Cloud-Computing auf der Anwenderseite sinnvoll und logisch. Zumal sich die vielleicht größten Vorteile für die Nutzer der Cloud-Services durch die geringeren Kosten im Vergleich zum Betrieb eines eigenen Rechenzentrums zeigen und es für Unternehmen zur Gewinnerzielung häufig einfacher ist, Kosten zu senken, als den Umsatz zu erhöhen.

Dennoch sollten Gesellschaften nicht per se Cloud-Services nutzen. Jede Bereitstellungsform und jedes Geschäftsmodell besitzt Vor- und Nachteile – und diese sind nicht für jeden Nutzer dieselben. Ausgehend von seinen Anforderungen sollte der Kunde Risiken und Chancen der für ihn in Betracht kommenden Modelle abwägen und dabei nicht zuletzt auch Aspekte des Cloud-Managements, wie SLA, Sicherheits- und Risikomanagement sowie Compliance berücksichtigen.

Im Rahmen dieser Proseminararbeit wurde ein kurzer Überblick über das Thema Cloud-Computing gegeben und zukünftigen Anbietern sowie Nutzern von Cloud-Services ein Fundament für ihre Entscheidungen sowie für eine weitere, intensivere Beschäftigung mit dieser Thematik gelegt.

# LITERATURVERZEICHNIS

Armbrust M, Fox A, Griffith R, Joseph A, Katz R, Konwinski A, Lee G, Patterson D, Rabkin A, Stoica I, Zaharia M (2009) Above the clouds. A Berkeley view of Cloud-Computing.
http://www.softwareresearch.net/fileadmin/src/docs/teaching/SS09/VS/Above_the _Clouds.pdf.
Abruf am 2011-11-04.

Baun C, Kunze M, Nimis J, Tai S (2011) Cloud-Computing - web-basierte dynamische IT-Services. 2. Aufl. Springer, Heidelberg

BITKOM Bundesverband Informationswirtschaft, Telekommunikation und neue Medien e. V. (2009) Cloud-Computing - Evolution in der Technik, Revolution im Business.
http://www.bitkom.org/files/documents/BITKOM-Leitfaden-CloudComputing_Web.pdf.
Abruf am 2011-11-10

BMWi Bundesministerium für Wirtschaft und Technologie (2010) Bericht zum Breitbandatlas 2010, Teil 1: Ergebnisse.
http://www.zukunft-breitband.de/Dateien/BBA/PDF/breitbandatlas-bericht-2010-teil-1,property=pdf,bereich=bba,sprache=de,rwb=true.pdf.
Abruf am 2011-11-04

Botthof A, Domröse W, Groß W (2011) Technologische und wirtschaftliche Perspektiven Deutschlands durch die Konvergenz der elektronischen Medien. Studie der VDI/VDE Innovation + Technik GmbH in Kooperation mit dem Institut für Gründung und Innovation der Universität Potsdam im Auftrag des Bundesministeriums für Wirtschaft und Technologie. Studienband.

ENISA European Network and Information Security Agency (2009) Cloud-Computing. Benefits, risks and recommendations for information security.
http://www.afei.org/events/0A02/Documents/Cloud%20Computing%20Security %20Risk%20Assessment%5B1%5D.pdf.
Abruf am 2011-11-10

Chorafas, D (2011) Cloud-Computing Strategies. 1. Aufl. CRC Press, Boca Raton

Eriksdotter H (2011) Cloud braucht neue Ansätze - alte Governance-Modelle versagen. http://www.cio.de/was_ist_cloud_computing/anwender/2260850/. Abruf am 2011-10-01

Fluid Operations (2011) eCloudManager features. http://www.fluidops.com/ecloudmanager/ecloudmanager-features/. Abruf: 2011-10-28

Hoover N (2008) Capgemini sharpens Cloud-Consulting with Amazon deal. http://www.informationweek.com/news/services/business/212100539. Abruf am 2011-10-28

Koenen J (2011) Zukunftstrend Cloud-Computing. Die riskante Milliardenwette der IT-Konzerne. http://www.handelsblatt.com/technologie/it-tk/special-cloud-computing/die-riskante-milliardenwette-der-it-konzerne/4256172.html?p4256172=all. Abruf am 2011-11-08

Kröger K (2011) Prognosen zu IT, Wirtschaft und Medien. Wie wir im Jahr 2025 leben. http://www.cio.de/strategien/analysen/2282110. Abruf am 2011-10-01

Krutz R, Vines, R (2010) Cloud-Security. A comprehensive guide to secure Cloud-Computing. 1. Aufl. Wiley Publishing, Indianapolis

Linthicum D (2009) Defining the Cloud-Computing framework. Redefining the concept. http://cloudcomputing.sys-con.com/node/811519. Abruf am 2011-10-28

Mell P, Grance T (2011) The NIST definition of Cloud-Computing. http://csrc.nist.gov/publications/nistpubs/800-145/SP800-145.pdf. Abruf am 2011-11-08

Miller M (2009) Cloud-Computing. Web-based applications that change the way you work and collaborate online. 2. Aufl. Que Publishing, Indianapolis

Stähler P (2001) Geschäftsmodelle in der digitalen Ökonomie. Merkmale, Strategien und Auswirkungen. 2. Aufl. Josef Eul Verlag, Lohmar.

Stiel H (2011) Cloud-Computing ist für Behörden unausweichlich. Reine Nutzen- und Kostensache.
http://www.egovernment-computing.de/systems/articles/301876/.
Abruf am 2011-11-08

Stölzel T (2011) iPhone 4S: Klebrige iCloud. Wirtschaftswoche 2011 (41): 68

W3C World Wide Web Consortium (2002) Web Services architecture requirements.
W3C                     Working                     Draft.
http://www.w3.org/TR/2002/WD-wsa-reqs-20020429#N100CB.
Abruf am 2011-10-27

Zhang Q, Cheng L, Boutaba R (2010) Cloud Computing: State-of-the-Art and Research Challenges. Journal of Internet Services and Applications (JISA) 2010 (1): 7-18.